DE L'ENCOURAGEMENT

AUX

ASSOCIATIONS OUVRIÈRES,

VOTÉ PAR L'ASSEMBLÉE CONSTITUANTE,

PAR M. PAILLOTTET,

Ex-vice-président du Conseil des prud'hommes.

PARIS,

CHEZ GUILLAUMIN ET Cᵉ, LIBRAIRES,

Éditeurs du *Journal des Économistes*, de la *Collection des principaux Économistes*, du *Dictionnaire du Commerce et des Marchandises*, etc.

Rue Richelieu, 14.

1849

DE L'ENCOURAGEMENT

AUX

ASSOCIATIONS OUVRIÈRES,

VOTÉ PAR L'ASSEMBLÉE CONSTITUANTE.

I.

En parcourant un almanach de 1849, publié par Pagnerre, notre attention fut vivement attirée par un article portant ce titre :

Comment s'affranchira définitivement la classe ouvrière?

L'auteur de l'article, M. Corbon, ne fait pas languir le lecteur. Il commence en ces termes :

« Disons tout de suite le moyen :
« La classe ouvrière s'affranchira définitivement par l'ASSOCIATION. Par « l'association! se récrient certains esprits soi-disant profonds; par « l'association! mais c'est de tous les moyens le plus impossible, le « plus ridicule! L'association entre ouvriers! mais savez-vous où cela « conduirait? Cela conduirait tout droit à la destruction de la concur- « rence émulative, au désordre dans l'industrie, à l'anarchie dans le « travail, et vous augmenteriez en définitive la misère et la servitude « même de ceux que vous prétendez affranchir! Gardez-vous donc « de nourrir la classe ouvrière de cette dangereuse pensée!

« Voilà ce qu'on nous dit, ce qu'on nous dit de haut, et avec appro- « bation de gens qui prétendent voir juste et loin.

« Nous allons prouver, sans la moindre peine, que ces gens-là ne « voient ni loin ni juste. »

En continuant de lire, nous avons vainement cherché la preuve si formellement annoncée. Cette prétendue preuve consiste à dire : Notre état social est mauvais ; de toute nécessité il faut l'améliorer ; or, trouvez, si vous le pouvez, un autre moyen que l'association entre ouvriers.

Du reste, la conclusion de l'article contraste avantageusement par sa modestie avec le ton du début :

« Reconnaissons, toutefois, que notre moyen, si fécond qu'il puisse

« être, ne s'établira pas sans beaucoup de temps et beaucoup de dif-
« ficultés. C'est une voie nouvelle dans laquelle nous ne faisons que
« d'entrer et dont nous n'avons pas encore les mœurs. Aussi, pour
« l'association entre ouvriers, n'y a-t-il que des hommes de choix,
« c'est-à-dire des hommes d'une grande et forte volonté, qui puissent
« réussir dès aujourd'hui, etc. »

Mais, alors, que M. Corbon nous permette une question bien naturelle. En attendant l'époque, encore éloignée suivant lui, où le succès sera facile et n'appartiendra plus exclusivement à ces ouvriers d'élite qui sont doués d'une grande et forte volonté, ne vaudrait-il pas mieux, au lieu de nourrir la classe ouvrière de la pensée de l'association, lui inculquer une pensée plus immédiatement applicable, et, par exemple, celle d'améliorer son sort par la bonne conduite, l'assiduité au travail et l'épargne? Ce sont là des moyens auxquels manquent l'éclat et la nouveauté, nous en convenons; mais ils n'en sont pas moins efficaces pour affranchir de la misère, aujourd'hui comme par le passé, les travailleurs, associés ou non, qui les pratiquent avec persévérance.

Ceci soit dit sans prendre parti pour les hommes soi-disant profonds, que M. Corbon se flatte d'avoir réfutés, et qui, en effet, ne lui ont pas présenté d'objections bien profondes s'ils se sont bornés à celles qu'il a combattues.

Quoi qu'il en soit, tous les écrivains qui ont préconisé l'association entre ouvriers n'ont pas imité la circonspection finale de M. Corbon, il s'en faut beaucoup. D'ailleurs, parmi les ouvriers sur lesquels les opinions de M. Corbon exerçaient une influence, la plupart ont pu se regarder comme doués d'une volonté forte, ce qui les autorisait à employer, sans nul retard, l'unique moyen d'affranchissement qu'il apercevait pour eux. Aussi ne faut-il pas s'étonner de ce que, depuis le milieu de 1848, un grand nombre d'ouvriers, confiants dans les belles destinées qu'on leur faisait entrevoir, se sont précipités à l'envi dans la voie qui devait les y conduire.

A Paris et dans les départements, de nombreuses associations ouvrières se sont formées. L'expérience du principe d'association se trouve commencée sur une grande échelle. Une telle expérience mérite d'être attentivement observée.

Elle se fait de deux manières, en ce moment, parce qu'il y a deux situations différentes pour les associations ouvrières. Les unes, formées avec l'assistance et sous le patronage du gouvernement, ont des comptes à lui rendre; les autres, ne devant qu'à leurs membres les ressources dont elles disposent, ont plus d'indépendance dans leurs mouvements. Ces dernières ne sont pas les moins importantes; mais nous ne pouvons, faute d'avoir sur elles des renseignements assez complets, parler aujourd'hui que de la partie en quelque sorte officielle de l'expérience.

Dans la séance de l'Assemblée nationale du 30 mai 1848, M. Michel Alcan, représentant du peuple, proposa d'encourager par des primes annuelles,

1° Les associations industrielles ou agricoles formées soit entre ouvriers, soit entre patrons et ouvriers;

2° Les sociétés de secours mutuels établies dans l'intérêt des travailleurs.

Le 4 juillet suivant, M. Corbon, rapporteur nommé par le Comité des travailleurs auquel la proposition avait été renvoyée, annonça que le Comité l'avait modifiée, d'accord avec l'auteur, et soumit à l'Assemblée un projet de décret, qui fut voté le lendemain dans les termes suivants :

DÉCRET.

« L'Assemblée nationale, voulant encourager l'esprit d'association sans nuire à la liberté des contrats, décrète :

« Art. 1er. Il est ouvert au ministre de l'agriculture et du commerce un crédit de 3 millions de francs, destinés à être répartis entre les associations librement contractées, soit entre ouvriers, soit entre patrons et ouvriers.

« Art. 2. Le montant de ce crédit sera avancé, à titre de prêt, sur l'avis d'un Conseil d'encouragement formé par le ministre et aux conditions réglées par le même Conseil.

« Art. 3. Le compte annuel de la répartition du crédit sera présenté à l'Assemblée nationale, avec un rapport raisonné du Conseil d'encouragement sur les associations auxquelles s'appliquera le crédit, pour être soumis à l'examen d'une Commission spéciale.

« Art. 4. Les contestations entre les membres de ces associations qui profiteront du crédit seront portées devant les Conseils de prud'hommes.

« Art. 5. Les avances autorisées par le présent décret sont indépendantes des institutions de crédit qui auront pour but de favoriser le travail agricole et industriel. »

Ce décret coupe en deux la proposition primitive et en supprime la seconde moitié. Quant à la première moitié, il lui fait subir une véritable métamorphose. L'encouragement aux associations ouvrières, formées pour une entreprise industrielle ou agricole, ne consiste plus dans une prime accordée à leurs succès dûment constatés, prime qui, dans la pensée de M. Alcan, devait, au maximum, s'élever à la moitié des bénéfices réalisés par ces associations : il consiste en un prêt, qui leur est fait sur-le-champ par l'Etat, dans l'ignorance complète des résultats que leur réserve l'avenir. Au lieu de dire aux ouvriers : — Si vous voulez vous associer, faites-vous une idée exacte des devoirs comme des droits des sociétaires; pesez mûrement les charges et les chances de votre entreprise ; employez ensuite tous vos efforts à la bien conduire, car la réussite, déjà suffisamment désirable pour elle-même, vous confère un titre aux encouragements de l'Etat,—on leur dit ceci : Associez-vous, l'Etat vous ouvre un crédit ; présentez-vous à sa caisse, il est dès aujourd'hui votre banquier.

Dans les circonstances où se trouvait notre pays, un capital immédiatement fourni, à titre de prêt, devait être un stimulant bien plus énergique à l'association que l'espérance d'une prime future. Le besoin d'argent allait créer des vocations sociales. Mais ce stimulant était-il le meilleur des deux? Nous ne le pensons pas, et sommes même loin de croire qu'il fût sage d'employer un stimulant quelconque.

Le législateur, qui n'entendait cependant pas accorder un prêt d'argent à toutes les associations auxquelles il conviendrait d'emprunter, a limité à trois millions le montant des avances de l'Etat. Comme il n'entendait pas non plus que le prêt fût consenti en faveur des demandes les premières venues, il a décrété la formation d'un Conseil d'encouragement, chargé d'examiner toutes les demandes et de donner son avis motivé sur le mérite de chacune d'elles.

C'est le compte-rendu sommaire des opérations de ce Conseil et l'état de répartition des trois millions votés par l'Assemblée nationale que nous nous proposons de présenter ici.

La première réunion du Conseil, à laquelle ne purent assister quelques-uns de ses membres, eut lieu le 12 juillet 1848. Dans cette réunion fut adoptée à la hâte une instruction, à l'adresse des sociétés de travailleurs, sur les justifications qu'elles avaient à produire pour être admises à participer au crédit des trois millions. Nous reproduisons ici cette instruction, qui fut alors publiée par voie d'affiches, et dont les premières lignes, un peu ambitieuses, sont consacrées à une déclaration de principes. Il s'y trouve quelques phrases empruntées au rapport fait par M. Corbon à l'Assemblée nationale.

« Le Conseil, au moment d'entrer en fonctions, doit rappeler aux citoyens la pensée qui a dicté le décret de l'Assemblée et la nature de la mission qu'il est chargé de remplir.

« L'Assemblée nationale, pénétrée du désir de voir s'améliorer la condition des travailleurs et du devoir qui lui est imposé de concourir, par les moyens dont elle peut disposer, à faire passer les travailleurs de l'état de salariés à celui d'associés volontaires, a voulu encourager l'esprit d'association.

« Convaincue que l'association libre et volontaire répond parfaitement au but qu'elle se propose, elle offre, par le crédit ouvert au ministre de l'agriculture et du commerce, un concours sérieux et efficace à toutes les Sociétés industrielles constituées de manière à placer l'ouvrier dans une position supérieure à celle de simple salarié.

« Le Conseil d'encouragement voulant être l'interprète fidèle des intentions de l'Assemblée ;

« Considérant que si, pour réaliser les progrès sociaux, l'intervention de l'Etat est souvent utile et quelquefois nécessaire, le rôle de l'Etat néanmoins n'est toujours que secondaire et de beaucoup inférieur à celui qui est réservé aux travailleurs eux-mêmes ;

« Considérant que le travailleur doit être le fils de ses œuvres, et que, s'il veut posséder l'instrument de son travail, c'est surtout par ses propres efforts qu'il doit l'acquérir;

« N'accordera le concours de l'Etat qu'aux associations industrielles entre ouvriers et entre ouvriers et patrons qui lui présenteront des garanties sérieuses de succès et de durée.

« Les avances ne seront faites qu'aux associations ayant pour objet l'exploitation d'une profession ou d'une entreprise déterminée.

« Les Sociétés industrielles qui se trouvent dans les conditions ci-dessus énoncées, et qui voudront profiter du bénéfice du décret, devront adresser leurs demandes au ministre de l'agriculture et du commerce.

« La demande fera connaître :

« L'objet de l'association,

« La nature de l'industrie qu'elle se propose d'exploiter,

« Le mode d'exploitation,

« Les éléments de succès,

« Le nombre des sociétaires,

« Les ressources dont l'association peut déjà disposer,

« Les avances dont elle aurait besoin.

« La demande sera accompagnée des statuts de la Société et du compte-rendu des opérations antérieures, si l'association est déjà en activité.

« Le gouvernement devant rendre compte à l'Assemblée nationale, en vertu du décret du 5 juillet, de l'emploi du crédit, le Conseil se réserve le droit de surveiller les opérations des sociétés qu'il créditera, et de suivre l'emploi des sommes qu'il aura avancées. »

Que le Conseil ait fait une déclaration de principes pour son propre compte, c'était son droit; nous n'y trouvons rien à reprendre. Mais qu'il se soit érigé en interprète de l'Assemblée nationale et qu'il ait paraphrasé très-hardiment le court préambule du décret, c'est ce qui ne rentrait nullement dans ses attributions et ce dont il eût fait sagement de s'abstenir.

Examinons la différence qui existe entre le texte et la paraphrase.

« L'Assemblée nationale, voulant encourager l'esprit d'association, « sans nuire à la liberté des contrats, décrète... » Tel est le langage du législateur, langage qui se concilie sans peine avec le vote d'un crédit restreint à trois millions.

Mais si vous dites : « Le législateur est pénétré du devoir de faire « passer les travailleurs de l'état de salariés à celui d'associés volon- « taires; il offre un concours sérieux et efficace à *toutes* les Sociétés « industrielles constituées de manière à placer l'ouvrier dans une posi- « tion supérieure à celle de simple salarié »; vous rapetissez singulièrement les trois millions destinés à cette entreprise immense et le vote émis pour l'accomplissement d'un devoir si grand et si nettement reconnu. Il y a plus, vous décidez de votre pleine autorité plusieurs questions fort controversées que le législateur n'a cru devoir ni discuter ni résoudre.

La position d'associé vaut-elle nécessairement mieux, en tout temps et en toute circonstance, pour l'ouvrier que celle de salarié? La position de salarié est-elle particulière à l'ouvrier? Constitue-t-elle, en effet, une infériorité, une servitude? L'ouvrier, qu'on suppose retenu injustement et méchamment dans cette servitude, n'en peut-il sortir qu'en passant par la porte de l'association? Enfin, quelle est l'étendue des sacrifices que l'Etat doit s'imposer pour faciliter l'accès de cette porte libératrice?

Voilà quelques-uns des points sur lesquels le législateur ne s'est point prononcé. Il n'a nullement décrété la transformation complète du mode de rémunération des travailleurs; il s'est borné à voter trois millions destinés soit à compléter, soit à former le capital d'associations ouvrières, choisies parmi celles qui réclameraient le concours de l'Etat. Sa pensée, manifestée par ses paroles et ses actes, ne se prête donc pas à l'extension qu'on a voulu lui donner.

Les demandes de crédit formées par les Sociétés ouvrières avaient suivi de près le décret. Quelques-unes devancèrent la publication de l'instruction que nous venons de reproduire; mais l'affluence augmenta dès que cette instruction fut connue, et le zèle du Conseil d'encouragement eut matière à s'exercer.

Ce Conseil avait pour président M. le ministre du commerce et se composait, en outre, de seize membres. Parmi eux figuraient quatre représentants du peuple et sept prud'hommes. Les autres membres, pour la plupart, suivaient la carrière administrative [1]. D'après l'ordre adopté par lui pour l'accomplissement de sa tâche, un Comité spécial et permanent était chargé d'entendre les intéressés, d'étudier les demandes, de recueillir des renseignements et de présenter des rapports en assemblée générale, rapports qui servaient de base aux délibérations.

Nous n'avons point l'intention de suivre pas à pas les opérations du Conseil, de passer en revue les nombreuses prétentions qui lui ont été soumises et de rapporter, accompagnés de leurs motifs, tous les avis favorables ou défavorables qu'il a dû émettre. En exposant d'une manière succincte comment le Conseil a procédé, quels ont été à ses yeux les meilleurs titres à l'allocation d'un crédit, et quelles conditions il a cru devoir attacher, conformément à l'article 2 du décret, aux allocations qu'il a votées, nous mettrons suffisamment en relief le caractère de l'expérience qu'ont préparée ses travaux. Pour donner aux lecteurs que cette expérience intéresse le moyen d'en suivre les diverses phases, nous compléterons nos indications par le tableau récapitulatif des prêts accordés et des associations qui les ont obtenus.

Dès ses premiers pas, le Conseil eut plusieurs questions générales à résoudre.

---

[1] Quelques modifications ont eu lieu dans la composition du Conseil. Plusieurs démissions successives, au nombre de six, ont nécessité autant de nominations nouvelles. C'est une circonstance que nous mentionnons sans nous y arrêter.

Le décret place sur la même ligne les associations composées d'ouvriers seulement et celles dans lesquelles un ou plusieurs patrons se joignent aux ouvriers. Fallait-il voir, dans les relations établies entre un patron et des ouvriers intéressés à ses bénéfices, une association conforme à l'esprit du décret, une association véritable?

Des ouvriers, des employés ayant droit à une part des bénéfices sans être passibles des pertes, ne sont pas, dans le sens légal du mot, les associés de la maison qui les occupe. On ne peut les classer sous aucune des trois formes sociales, les seules que le Code de commerce consente à reconnaître. Ils ne sont membres ni d'une société en nom collectif, ni d'une société en commandite, ni d'une société anonyme. Cependant, la communauté des intérêts qui existe entre ces copartageants, pour être restreinte dans certaines limites, n'en est pas moins évidente. Le chef et les subordonnés poursuivent ensemble, bien que placés dans des situations inégales, et par des efforts différents, un seul et même résultat. S'ils parviennent à l'obtenir, tous y participent dans des proportions convenues d'avance. Voilà, quoi qu'on en dise, une véritable association. C'est ce qu'a pensé le Conseil d'encouragement. Moins soucieux de se renfermer dans la définition étroite et exclusive du Code que de bien comprendre et protéger les intérêts des ouvriers, il a décidé non-seulement qu'il verrait une association entre un patron et ses ouvriers lorsque ceux-ci avaient part aux bénéfices, mais encore que cette participation incomplète aux résultats de l'entreprise, dans laquelle les pertes restaient à la charge d'un seul, tandis que les gains appartenaient à tous, était celle qu'il convenait d'encourager de préférence.

Quelle critique pourrait mériter une pareille solution? Prétendra-t-on qu'elle consacre une illégalité? Mais le fait de la participation d'un ou plusieurs employés aux bénéfices commerciaux d'une entreprise n'est pas nouveau. C'est un usage pratiqué dans plusieurs maisons de commerce, usage très-connu, auquel la jurisprudence s'est montrée favorable [1], et dont le Conseil n'a fait qu'approuver le développement.

Qualifiera-t-on cette solution de téméraire ou d'injuste? Dira-t-on qu'elle pourrait engendrer de graves abus, préjudicier aux droits des tiers?

A cela nous répondrions : la témérité eût consisté à rendre passible des pertes un ouvrier dont le faible pécule eût pu se trouver bien insuffisant pour en couvrir sa part; à charger ainsi tout l'avenir de cet ouvrier du poids de l'insolvabilité. L'injustice, la lésion aux droits des tiers eussent consisté soit à donner à l'ouvrier exonéré des pertes une influence sur la direction de l'entreprise, soit à faire la part de l'ouvrier, dans les bénéfices annuels, aussi large que si la dispense de

[1] La jurisprudence considère les quote-parts de bénéfice distribuées aux employés comme des compléments de salaire, qui même, en cas de pertes ultérieures, ne sont pas sujets à rapport.

supporter les pertes annuelles n'appelait pas une équitable réduction d'avantages. On le voit, la solution adoptée par le Conseil nous paraît sage en elle-même. Il nous reste à dire, et c'est ce que nous ferons bientôt, si elle a été appliquée avec mesure.

Une autre question, non plus spéciale aux sociétés d'ouvriers et patrons, mais commune tant à celles-ci qu'aux sociétés exclusivement ouvrières, s'offrit en même temps que la précédente aux méditations du Conseil.

Dans l'instruction du 12 juillet, que nous avons rapportée plus haut, les statuts sociaux figurent parmi les pièces dont chaque demande de prêt doit être accompagnée. Il était bien naturel que le Conseil voulût examiner les conventions qui servaient de lien aux sociétaires. Pour lui cet examen était plus qu'un droit, c'était un devoir. Or, le Conseil put bientôt reconnaître qu'en fait d'élaboration de pacte social, les sociétés ouvrières, qui manquaient pour la plupart de notions suffisantes, prenaient rarement de sages avis. Presque tous les statuts communiqués pouvaient être divisés en deux classes : les uns étaient le produit d'une complète inexpérience, les autres révélaient des suggestions malheureuses.

L'inexpérience des ouvriers porte avec elle son excuse : il serait injuste de lui infliger une censure. Mais les mêmes ménagements ne sont pas dus aux donneurs d'avis, à ceux qui s'offrent comme des guides sûrs dans les voies de l'association. Nous ne nous ferons donc pas scrupule de citer ici quelques lignes extraites de statuts évidemment rédigés par ces derniers.

« Société X et compagnie.

« Art. 1er. La Société a pour but l'amélioration du sort des travailleurs, et pour moyen le perfectionnement progressif des produits.

« Art. 4. L'association est essentiellement démocratique, et son but est la propagation du bien-être divisé.

« Art. 28. La fraternité étant le lien fondamental de l'association, établit des devoirs réciproques, dont les premiers sont :

« 1° Une coopération active ;

« 2° Le perfectionnement progressif des produits. »

Que dire de ce pathos méthodiquement numéroté pour être introduit dans un acte à passer devant notaire?

Puisons maintenant à une autre source.

« Art. 1er. Il est formé entre *nous*, les ouvriers et anciens patrons de *toutes* les parties qui concourent à la fabrication des....... *une société commerciale en nom collectif.*

« Sa durée et le nombre de ses membres sont *illimités.* »

Voilà, certes, une idée fort large en matière d'association. Si vous voulez la voir doctement motivée, lisez le préambule suivant, qui a joui de beaucoup de vogue et s'est étalé sur la première page de plusieurs statuts sociaux.

« Les patrons et ouvriers considérant :

« Que les remises faites aux intermédiaires placés entre le producteur et l'acheteur *ne peuvent être prélevées*, ainsi que tous les faux frais auxquels la concurrence oblige les marchands, *que sur le prix de main-d'œuvre de l'ouvrier ;*

« Considérant que les marchands sont trop souvent forcés, *pour soutenir leurs maisons*, de céder à toutes les offres de rabais et de règlements douteux qui leur sont faites par les acheteurs et surtout par les commissionnaires de province et de l'étranger ;

« Que, par suite, les patrons sont contraints à livrer au commerce des produits d'une qualité inférieure, et les ouvriers à soigner d'autant moins leurs pièces qu'ils doivent en faire une plus grande quantité pour le même prix ;

« Considérant qu'à l'étranger cet état de choses a pour effet la dépréciation de nos produits, et, à l'intérieur, une opposition d'intérêts toujours croissante entre les patrons et les ouvriers ;

« Que la conséquence de cette opposition d'intérêts est *l'association* (au moins tacite) *des entrepreneurs contre les ouvriers, et celle des ouvriers contre les patrons*, ainsi que le chômage, les grèves, les coalitions, les inimitiés et toutes les plaies qui conduisent les patrons à la ruine et les ouvriers à la misère ;

« Considérant, etc., etc.

« D'autre part, considérant que si les patrons et ouvriers s'associaient pour l'exploitation des......., ils n'auraient à supporter aucun des faux frais auxquels oblige la concurrence ;

« Que, par l'exploitation dans un atelier commun, ils pourraient réunir à toutes les capacités intellectuelles et manuelles nécessaires à la perfection du travail, les conditions les plus avantageuses au prix de revient ;

« Qu'ils rendraient la confiance aux acheteurs en mettant sur tout article qui sortirait de leur manufacture une estampille indiquant sa valeur réelle et relative ;

« Que, par suite, les intérêts des patrons et des ouvriers se trouveraient *parfaitement* conciliés, etc., etc. ;

« Soumettent à M. le ministre le projet de société suivant. »

Tous ceux qui auront la patience de parcourir ce sentencieux amphigouri comprendront sans peine que le Conseil d'encouragement, sous les yeux duquel il se produisait chaque jour, avec de légères variantes, se soit posé la question de savoir, non pas s'il interviendrait dans la rédaction des statuts, la nécessité d'intervenir n'était plus douteuse, mais comment et dans quelle mesure il exercerait son intervention. Le parti auquel il s'arrêta fut celui-ci. Il chargea une Commission, prise dans son sein, de préparer une formule générale de statuts ; formule qui, après examen et adoption en séance, serait imprimée, communiquée, au besoin, aux divers signataires des demandes de prêt, et servirait à ceux-ci de modèle à consulter pour constituer une association sur des bases raisonnables. Au moment où cette résolution fut prise, un membre du Conseil fit une réserve expresse en faveur de la liberté des contractants. S'il était indispensable de les éclairer, il ne fallait pas les contraindre. De plus, il n'était pas bon, dans l'intérêt même de l'expérience tentée aux frais de l'État, et si l'on voulait qu'elle produisît des enseignements sérieux, de jeter toutes les sociétés encouragées dans un seul moule, dans un moule officiel.

A la suite de discussions assez étendues et de votes qui ne furent pas unanimes, la formule générale des statuts sociaux fut adoptée.

Si nous n'en faisions pas connaître ici les dispositions principales, nous omettrions une partie bien essentielle de notre tâche.

II.

Voici, sur ce sujet, les questions générales que le Conseil s'est cru dans l'obligation de résoudre :

1° Quelle sera la forme des associations d'ouvriers et pour quel laps de temps seront-elles contractées?

2° En quoi consistera l'apport des sociétaires?

3° Qui gérera la société?

4° Comment pourront en être modifiés les statuts constitutifs ?

5° Dans quel cas le personnel devra-t-il subir des modifications?

6° Comment seront répartis entre ses membres les bénéfices et les pertes?

Les réponses à ces questions forment les six titres de la formule générale, qui fut élaborée, disons-le d'abord, en vue des sociétés uniquement composées d'ouvriers, sauf à l'appliquer, avec les modifications convenables, aux sociétés entre ouvriers et patrons.

Pour résoudre la première de ces questions, en ce qui touche la forme, le Conseil n'avait qu'un choix à faire et un choix très-limité. Il fallait opter entre la société en nom collectif et la société en commandite. Ce sont, à vrai dire, les deux seules que notre législation reconnaisse. La société anonyme, qui élève jusqu'à trois le nombre des formes sociales, ne doit réellement pas être comptée, puisqu'elle est rendue comme inaccessible par la législation elle-même. Mais il n'était guère possible de voir des commanditaires dans les ouvriers, dont le capital est d'ordinaire représenté tout entier par leurs outils et leurs bras. La nature des apports et des coopérations plaçait tous les contractants sur la même ligne; donc l'égalité devait exister entre eux aussi pour les risques à courir; donc ils devaient être associés en nom collectif.

Cette solution fut celle à laquelle s'arrêta le Conseil d'encouragement. Elle est d'ailleurs conforme aux idées répandues parmi les ouvriers. Nous trouvons, à la date du **11** mars dernier, dans le journal *le Travail affranchi*, une formule de pacte social recommandée par la Commission des délégués au Luxembourg. L'art. 1er de cette formule, parfaitement semblable à l'art. 2 de la formule du Conseil d'encouragement, est conçu en ces termes :

« La société sera en nom collectif. »

Sur la convention relative à la durée des sociétés entre ouvriers, le Conseil ne jugea pas devoir établir de règle fixe, et il fit bien. Cependant il se montrait peu favorable aux durées de moins de vingt années, et prévenait les contractants que les avances de l'Etat devant être faites pour un délai naturellement plus court que l'existence des conventions sociales, ils se créaient à eux-mêmes des obligations de remboursement plus difficiles à remplir, s'ils ne s'associaient que pour un petit nombre d'années. Sauf une ou deux exceptions, on peut considérer comme les points extrêmes des diverses périodes choisies par les associations 20 et 99 ans. Les exceptions, avons-nous besoin de le dire, sont inférieures à la première limite et non pas supérieures à la seconde, sous laquelle on reconnaît aisément une prétention à la perpétuité.

La nature spéciale de l'apport des ouvriers associés nécessitait une disposition spéciale, que ne pouvait manquer de formuler le Conseil d'encouragement. A l'ouvrier sociétaire, l'association ne doit demander que ce qu'il a, c'est-à-dire ses bras et son intelligence. S'il se rencontre des ouvriers possédant en outre quelques valeurs matérielles, des outils, un petit pécule, cet apport supplémentaire sera le moins important. Il faut donc que les ouvriers soient tenus de fournir à la société leur collaboration active, suivie, régulière. Mais une difficulté se présente. Qu'adviendra-t-il si la société n'a pas de travaux à exécuter en quantité suffisante pour occuper tous ses membres? Le cas devait être prévu, et l'associé, privé de travail dans l'association, devait être autorisé, moyennant certaines garanties et sous certaines conditions, à travailler temporairement ailleurs. C'est à cette nécessité qu'a pourvu l'art. 6 des statuts. Nous nous dispenserons d'en citer le texte.

Quant à la gérance, elle ne pouvait pas évidemment être exercée par tous les associés, au milieu desquels on aurait distribué à chacun sa part de gestion. Si les choses se passent ainsi dans les sociétés ordinaires, composées de deux ou trois associés en nom collectif, il n'en pouvait pas être de même dans les sociétés comptant leurs membres par dizaines et même par centaines. Confier la gérance à l'un des associés élu en assemblée générale, lui donner un Conseil d'administration, électif aussi, pour lui servir d'auxiliaire et au besoin de surveillant, était une combinaison toute naturelle. Le Conseil d'encouragement a consacré le titre trois des statuts à la réaliser. Ce titre règle, art. 9 à 14, tout ce qui est relatif à la tenue des assemblées générales, à l'élection du gérant et du Conseil d'administration, enfin au partage des attributions diverses entre les élus. Il règle tout, disons-nous, mais en laissant une grande latitude aux contractants, qui peuvent étendre ou limiter les attributions, les diviser ou les concentrer comme en restreindre ou en prolonger la durée.

Peu de mois s'étaient écoulés depuis le décret du 5 juillet, et déjà l'expérience avait instruit à la fois le Conseil d'encouragement et les Sociétés ouvrières de l'inconvénient de renfermer dans des limites trop étroites l'autorité du gérant. Aussi les tendances les plus récentes des ouvriers, fortifiées de l'approbation du Conseil, ont-elles été de faire au gérant une large part de pouvoir. L'harmonie sociale et la bonne direction du travail y trouvent mieux leur compte. Il est telle Association dans laquelle le gérant est nommé pour toute la durée des conventions sociales et investi de toute l'autorité d'un patron. Ce sera probablement une de celles qui répondront le mieux à la confiance de l'Etat.

Si les enseignements d'une expérience encore bien courte ont pu, comme nous venons de le dire, modifier quelques opinions, on doit attendre de l'avenir des enseignements nouveaux et réserver aux associations ouvrières le moyen d'en profiter. Personne au Conseil d'encouragement n'a mis cette vérité en doute, mais on a pris, ce nous semble, contre l'esprit d'innovation des précautions excessives en insérant dans la formule générale des statuts la disposition suivante :

« Art. 34. Tout projet de modification aux présents statuts devra être communiqué à M. le ministre du commerce un mois avant qu'il en soit délibéré en assemblée générale.

« Aucune modification ne pourra être adoptée que sur la proposition du Conseil d'administration, à la majorité des deux tiers des membres présents.

« Les modifications ne peuvent jamais porter sur les articles 6, 8, 18, 19, 20, 23, 25, 26, 27, 29, 30, 31 et 32, sans une autorisation toute spéciale de de M. le ministre du commerce. »

Les treize articles cités sont les plus caractéristiques des statuts. Le moment est venu de faire ample connaissance avec la plupart d'entre eux, car ils renferment les solutions données par le Conseil d'encouragement aux deux dernières des six questions dont nous avons produit la liste.

Rapportons d'abord les dispositions destinées à régir les modifications dans le personnel des associés. Elles sont au nombre de quatre.

« Art. 23. Aussitôt que l'extension des affaires exigera une augmentation définitive du personnel des collaborateurs, la Société s'impose l'obligation de ne pas employer de simples salariés, mais d'admettre un nombre suffisant de sociétaires.

« Néanmoins, nul ne pourra être admis comme sociétaire, s'il n'a travaillé pour la Société pendant un temps d'essai qui ne pourra être moindre de..... mois ni excéder..... mois.

« Art. 25. Si la Société est obligée d'appeler des collaborateurs temporaires, outre leur salaire, elle leur allouera, en fin d'année, une part d'intérêt dans les bénéfices partageables, calculée d'après la durée de leur collaboration. Cette part d'intérêt leur sera soldée dans les mêmes valeurs qui seront remises aux membres de la Société. Ils devront s'en rapporter à l'inventaire et ne pourront le contester.

« Ne pourront être admis à profiter du bénéfice de cette clause que ceux qui auront travaillé dans la Société pendant un laps de temps de ..... mois au moins.

« Art. 26. Aucun associé ne pourra se retirer avant l'époque fixée pour la dissolution de la Société, hors les cas prévus aux articles 21 et 22 (décès, infirmité, vieillesse), sous peine de perdre tous ses droits au fonds de réserve.

« La même règle est applicable à l'associé déchu.

« Art. 27. Tout membre qui sera convaincu de malversation sera exclu de la Société par une décision de l'assemblée générale, prise à la majorité de..... au moins des membres présents. Appel de cette décision pourra être porté devant le Conseil des prud'hommes, qui statuera sur la question de dommages et intérêts seulement.

« Les règlements de discipline intérieure, de travail et d'atelier pourront prononcer l'exclusion pour tout acte qui porterait grave préjudice à la Société ou atteinte à son honneur. L'exclusion pourra de plus être prononcée, en cas de récidive, pour

« Insoumission, injures ou violences ;

« Paresse ;

« Incapacité notoire ;

« Ivrognerie ;

« Inconduite. »

L'art. 23 n'est qu'une forme nouvelle donnée à l'une des pensées contenues dans la déclaration de principes du Conseil d'encouragement. S'il s'agit en effet de transformer le mode de rémunération des ouvriers, si le salariat est identique avec l'exploitation de l'homme par l'homme, si c'est là un fléau dont il importe de délivrer le monde, comment l'Etat souffrirait-il que des associations créées avec son appui et sous son patronage, employassent de simples salariés? A cela nous pourrions répondre que l'exploitation de l'homme par l'homme revêt mille formes diverses ; qu'au fond elle consiste à obtenir de nos semblables des services qu'ils ne rendraient pas s'ils étaient libres et voyaient clair; qu'à ce point de vue les courtisans de la popularité sont exploiteurs au premier chef; que leur tactique habituelle est de rechercher des suffrages, non en prêchant les doctrines les plus saines, mais celles qui plaisent le plus à leurs auditeurs, sauf à déclarer plus tard que ces doctrines n'ont pas été bien comprises ou ne sont pas encore applicables; qu'enfin le bon sens ne permet de voir aucun caractère essentiel d'oppression ou d'injustice dans le fait de payer d'un prix déterminé un service également déterminé. Mais au lieu de nous engager dans cette grave discussion, nous dirons simplement qu'un décret ayant pour but d'encourager l'association, *sans nuire à la liberté des contrats*, ne devait pas inspirer une disposition aussi restrictive de cette liberté que celle établie par l'art. 23.

La voie réglementaire est une pente glissante. Quand on y pose le pied, on va plus loin qu'on ne veut. C'est ainsi que l'art. 23 devait donner naissance à l'art. 25. Il n'était guère possible en effet d'employer la contrainte comme moyen de développer l'association, sans s'inquiéter de savoir si les personnes soumises à cette contrainte ne chercheraient pas à l'éluder. Voilà une association qui prospère. Outre ses membres, elle occupe, depuis quelques mois, un certain nombre d'ouvriers. Or, ne pourrait-il pas lui arriver de croire qu'un ouvrier utile n'est pas nécessairement un bon associé, de porter des regards timides sur l'avenir et de craindre l'une de ces deux choses, ou que l'accroissement du nombre des sociétaires ne rende plus difficile la concorde sociale, ou que l'abondance des travaux venant à cesser, l'association plus nombreuse ne soit plus exposée au chômage? Sous l'influence de pareilles idées, que ferait cette association pour se soustraire à l'exécution de l'art. 23? Elle renverrait évidemment les ouvriers supplémentaires qu'elle aurait occupés pendant la durée permise et les remplacerait par des ouvriers nouveaux. Oui, c'est ce qu'elle ferait probablement, cédant aux suggestions d'une égoïste prudence, si l'art. 25 n'était pas là pour revendiquer les droits de la fraternité. Cet article permet bien de renvoyer les ouvriers supplémentaires, après un court délai, mais à la condition de leur faire connaître les bénéfices annuels et de leur en distribuer une part. Tout bien considéré, autant vaut se les adjoindre comme sociétaires... Sur les articles 26 et 27, nous n'avons que de très-courtes observations à présenter.

Nous comprenons que la retraite prématurée d'un sociétaire puisse porter préjudice à la société, et que des garanties soient prises contre ce préjudice éventuel. Mais on a beaucoup exagéré ces garanties en introduisant dans les statuts modèles la disposition par laquelle tout sociétaire renonce à sa part du fonds de réserve, s'il quitte volontairement la société avant le moment où elle doit finir. Quant à l'associé exclu, confisquer sa part du fonds de réserve au profit de ceux qui l'excluent, c'est imprudemment sacrifier le droit de propriété et créer un intérêt à l'exclusion. Il y a d'ailleurs quelque chose de contradictoire entre infliger une peine pécuniaire à l'associé qui se retire de son plein gré, et une peine toute semblable à l'associé que l'on expulse. Si la première mesure tend à maintenir au complet le personnel de l'association, la seconde tend à le diminuer. Combien de facilités rencontrera l'esprit d'exclusion dans l'art. 27, qui range au nombre des fautes auxquelles l'exclusion peut être appliquée, la paresse, l'insoumission, l'inconduite! Le sens de ces trois mots est des plus élastiques.

Mais il faut savoir ce que c'est que le fonds de réserve pour apprécier de quelle importance il est pour un sociétaire d'en perdre sa part. Cette notion se rattache à la grande question du partage des bénéfices, sur laquelle nous allons faire connaître toute la pensée du Conseil d'encouragement.

« Art. 8. Les bénéfices seront partagés et les pertes seront réparties entre les associés au prorata des salaires touchés par chacun d'eux.

« Art. 18. Les bénéfices seront répartis de la manière suivante :

« 00 pour 100 seront portés au compte du fonds de réserve ;

« 10 pour 100 au compte du fonds de retenue indivisible ;

« 00 pour 100 seront partagés entre les associés, conformément à leurs droits respectifs.

« Art. 19. Le fonds de réserve est destiné à couvrir les pertes du commerce. Il pourra être appliqué au payement par anticipation des dettes non exigibles et à l'augmentation du matériel de la Société, en vue de l'extension de ses opérations.

A la suite de chaque répartition de bénéfices, on portera au compte de chaque associé la part qui lui appartient dans le fonds de réserve.

« Cette part ne sera remboursable aux associés qu'à l'expiration de la Société, sauf les exceptions stipulées articles 21 et 22 (décès, infirmités, vieillesse).

« Art. 20. Le fonds de retenue indivisible n'appartient plus aux sociétaires et ne peut jamais être partagé entre eux.

« Il n'appartient à la Société qu'en tant qu'il faudrait y recourir, à défaut du fonds de réserve, pour payer des dettes. S'il devenait nécessaire d'employer ce fonds dans les opérations de la Société, ce serait seulement à titre d'emprunt sans intérêt, et le fonds de retenue indivisible resterait créancier de la somme ainsi employée.

« Art. 29. Si par suite d'emprunts faits au fonds de retenue indivisible la Société se trouvait en débet vis-à-vis de celui-ci, la somme à rembourser (*à l'expiration de la société*) serait à prélever sur l'excédant d'actif ; le surplus seul serait partagé entre les associés.

« Toutefois, dans aucun cas, il ne sera remis, à titre de remboursement au fonds de retenue indivisible, plus du quart de l'excédant d'actif.

« Art. 30. La Société, à l'expiration de son terme, pourra être recommencée pour une nouvelle période de ..... ans au moins, soit par tous les associés, soit par la majorité d'entre eux.

« Dans le cas de continuation de la Société, le fonds de retenue indivisible sera attribué à la nouvelle Société, aux conditions fixées par les articles 20, 29, 30 et 31.

« Si cette continuation de Société n'a lieu qu'entre la majorité des associés, le fonds de retenue indivisible sera remis à la nouvelle Société, jusqu'à concurrence de sa valeur, en outillage, matériel et marchandises, selon l'estimation du dernier inventaire social.

« Art. 31. Au cas où la Société ne serait continuée d'aucune manière par les associés, le fonds de retenue indivisible serait remis au gouvernement, s'il existe à cette époque un fonds public d'encouragement pour les associations entre ouvriers ou entre patrons et ouvriers.

« Si ce fonds public n'existe pas, le fonds de retenue indivisible sera mis à la disposition du Conseil général du département, pour être par lui appliqué à des institutions ayant pour objet l'amélioration du sort de la classe ouvrière, et, à défaut, aux hospices du chef-lieu. »

Voilà un système dont il est aisé de saisir l'ensemble et les détails.

Deux règles sont établies : l'une détermine, art. 8, la base d'une répartition proportionnelle du bénéfice entre tous les associés ; l'autre crée, art. 18, diverses catégories dans le bénéfice même. Il en est une portion considérée comme disponible ; une seconde, mise en réserve jusqu'à l'expiration du pacte social ; une troisième, enfin, et celle-ci est fixée à 10 pour 100, qui ne sera *jamais* distribuée aux sociétaires.

La part disponible et la part réservée représentent ensemble 90 pour 100 du bénéfice total. En laissant en blanc le *quantum* de chacune, le Conseil a reconnu implicitement que, suivant des situations et des convenances diverses, les associations pouvaient grossir l'une aux dépens de l'autre, avantager le futur aux dépens du présent, ou faire tout le contraire. Des chiffres bien différents ont, en effet, été adoptés par les associations pour la détermination de ces deux parts ; mais, dans le plus grand nombre des cas, la réserve a été portée à 30 ou 40 pour 100, et la part disponible à 50 ou 60.

Sur ces deux circonstances du partage des bénéfices, les dispositions dont nous avons reproduit le texte, et les chiffres que nous venons de citer, fournissent des renseignements suffisants. D'ailleurs, en ce qui concerne l'une et l'autre, les statuts-modèles se sont peu écartés des usages ordinaires. En peut-on dire autant de la base établie pour la répartition proportionnelle? C'est ce que nous allons examiner.

Reportons-nous aux sociétés industrielles depuis longtemps connues, à celles dans lesquelles des fabricants, des commerçants, figurent seuls comme sociétaires. Dans ces associations, le travail des associés n'est pas manuel ; ses résultats immédiats ne sont pas susceptibles d'être pesés, comptés, mesurés exactement ; d'où il suit que la part de bénéfice de chacun ne peut pas être proportionnelle à son travail. On est obligé de supposer, dans ces associations, que le travail de tous les associés a la même durée, le même mérite, et si l'inégalité s'introduit dans le partage des bénéfices, elle n'est motivée que par la différence des apports de fonds servant à composer le capital social. C'est là du moins ce qui a lieu dans un grand nombre de cas. Mais lorsqu'un sociétaire a sur ses coassociés, par son habileté, son expérience, une supériorité bien constatée, ceux-ci trouvent juste de lui accorder une part plus large que la leur dans les avantages sociaux ; ils regardent comme tout simple que l'habileté, fût-elle un don naturel, profite à celui que la nature en a doué. Est-elle un fruit de l'étude? Ils pensent que ce fruit, comme celui de l'expérience, appartient à qui l'a su cueillir.

La tendance générale a donc été jusqu'ici de répartir, autant que possible, les bénéfices sociaux proportionnellement à l'utilité des coopérations. C'est seulement quand les utilités diverses ne sont pas bien connues qu'on les répute égales.

Il y a, contre le partage proportionnel, une objection socialiste, que nous avons entendu énoncer en ces termes : Le travail est déjà fort divisé, et, par la réalisation du progrès, tend à se diviser de plus en plus. Lorsque les occupations sont différentes et toutes indispensables à l'œuvre commune, il n'est pas logique de distinguer entre l'utilité de tel ou tel collaborateur. Est-ce que, dans une machine bien organisée, la fonction d'une petite roue n'a pas la même importance que celle d'une roue plus grande? etc.

Pour élever cette objection, son auteur posait l'hypothèse commode d'une société dont tous les membres ont des occupations parfaitement dissemblables. Si ce cas est fréquent et reçoit la solution que nous venons d'indiquer dans les associations industrielles et commerciales composées de deux ou trois membres, on conçoit qu'il doit être bien rare et même ne se présenter jamais dans les associations à personnel nombreux, comme celles dont aujourd'hui les doctrines socialistes provoquent la formation. On a beau, d'ailleurs, comparer les hommes aux rouages d'une machine, on ne fera pas de ces hommes une matière inerte, prête à recevoir toutes les impulsions. La matière obéit uniformément, impassiblement, parce qu'elle n'a pas le principe d'activité en elle-même. Il en est autrement d'un agent doué d'intelligence, de liberté ; et tandis que la roue docile fera toujours exactement le nombre d'évolutions que lui a données pour tâche la conception du mécanicien, l'homme, à quelque injonction qu'il obéisse, fera plus ou fera moins, fera mieux ou plus mal, selon qu'il y sera déterminé par le mobile qui est en lui. A qui fait mieux et plus, à qui fait moins et plus mal assignera-t-on la même récompense? Telle est la question.

Le Conseil d'encouragement l'a équitablement résolue, en introduisant l'art. 8 dans les statuts-modèles. Nous ne dirons pas qu'il s'est conformé à l'usage en même temps qu'à la justice. En matière d'associations ouvrières, les précédents manquaient, et, d'un autre côté, les usages admis parmi les fabricants associés ne pouvaient pas s'appliquer entièrement aux associations ouvrières ; mais le Conseil s'est appuyé sur l'usage autant qu'il était raisonnable de le faire.

Un des mérites de la solution qu'il a cru devoir adopter est de s'appliquer également à la question des salaires. L'art. 8, en décidant que les parts du bénéfice ou de la perte seront proportionnelles aux salaires reçus, décide implicitement que les salaires seront proportionnels aux résultats évalués ou constatés du travail de chacun. Si la nature de l'industrie permet de compter les pièces produites par chaque travailleur, la constatation rigoureuse est facile. Si la nature de l'industrie se refuse à cette constatation arithmétique, on a la ressource du jugement des sociétaires sur le produit approximatif du travail journalier de chacun d'entre eux. Nul doute qu'ils ne rendent un pareil jugement avec connaissance de cause, et qu'il n'en résulte une équitable fixation du prix des journées, amenant comme conséquence l'équitable répartition des bénéfices. A chacun suivant sa capacité, et à chaque capacité suivant ses œuvres; tel est le véritable sens de l'art. 8 [1].

Remarquons en passant que dans les associations ouvrières les salaires et les bénéfices se produisent comme les deux jets d'une même source. Un certain nombre d'ouvriers, associés pour exercer une industrie, créent des produits et les vendent. Qu'attendent-ils du prix de vente de ces produits? Deux choses : le remboursement des avances qu'ils ont faites et la rémunération de tout leur travail intellectuel et manuel. Le remboursement sera-t il complet ou incomplet, la rémunération sera-t-elle faible ou élevée? C'est ce que décidera, non pas la volonté des ouvriers, mais l'inexorable loi du rapport entre l'offre et la demande. Quoi qu'il en soit, la prétention des ouvriers n'en est pas moins certaine ; évidemment ils ne créeraient pas de produits s'ils n'espéraient obtenir, en les vendant, et le remboursement et la rémunération dont il s'agit. Ils y comptent si bien que, sans attendre la réalisation de ces deux résultats, ils se payent à eux-mêmes chaque jour un à-compte anticipé sur la rémunération que leur réservent les acheteurs. Le salaire est cet à-compte anticipé, dont le complément sera fourni par le bénéfice. Or, suivant que le salaire aura été perçu avec plus ou moins de réserve, suivant que les prévisions des sociétaires seront trompées ou confirmées par l'événement, la rémunération payée par les acheteurs excédera les salaires ou ne suffira pas à les couvrir, en d'autres termes, il y aura bénéfice ou perte.

A ce point de vue élémentaire, l'identité de fonctions, d'origine, d'essence entre le salaire et le bénéfice étant si facile à reconnaître, n'est-il pas bien étrange que les ouvriers les plus habiles aient généralement résisté aux exhortations socialistes, en ce qui touche l'égalité des salaires, et que nombre d'entre eux y aient docilement déféré, en ce qui touche les bénéfices? Une sorte de compromis paraît s'être opéré dans l'esprit de ces derniers, compromis en vertu duquel chacun, en défendant l'intégrité de sa part habituelle dans les avantages quotidiens du travail, trouvait juste d'accepter une part moindre dans les avantages éloignés et nouveaux dont l'association contenait la promesse. C'était, sur une seule et même question, adopter deux solutions contraires. Mais un sacrifice coûte moins que deux sacrifices; un sacrifice futur, moins qu'un sacrifice présent; le sacrifice de l'incertain, moins que celui de la réalité. Les ouvriers tiraillés en sens contraire, attirés d'un côté par l'intérêt personnel et leur propre jugement, appelés d'un autre par la voix d'imprudents amis,

[1] Nous convenons que cela ne résulte pas précisément du texte ; mais nous prouverions au besoin par de nombreux exemples, que nous interprétons exactement la pensée du Conseil.

sont sortis, comme ils ont pu, de cette situation difficile, en adoptant le moyen terme que nous venons d'indiquer.

L'opinion que nous émettons sur l'art. 8 diffère beaucoup de celle que nous avons à émettre sur cette part, surnommée indivisible, qu'on voit apparaître au milieu de l'art. 18, et qui est l'objet des dispositions comprises dans les art. 20, 29, 30 et 31.

C'est une bien bizarre conception que celle du *fonds de retenue indivisible!* A qui appartient-elle? Nous l'ignorons. Cependant, si le Conseil d'encouragement a eu le tort de l'adopter, nous pouvons dire, et c'est pour lui une circonstance atténuante, qu'il n'en est certainement pas l'auteur.

Un acte notarié, portant la date de 1843, a passé sous nos yeux. Dans cet acte, qui régularisait la constitution d'une association ouvrière, nous avons découvert un article ayant pour objet d'établir un fonds de retenue indivisible, presque aussi semblable par sa destination ultérieure que par son nom, à celui dont il s'agit. Nos recherches n'ont pas remonté plus haut, mais nous inclinons à penser que le notaire et les contractants de 1843 n'étaient pour rien dans cette invention singulière.

Sans nous occuper de savoir précisément d'où elle vient et comment elle s'est trouvée importée dans les statuts-modèles, essayons de l'apprécier, et, à cet effet, représentons-nous une société industrielle arrivée à son terme. Parmi les sociétaires que réunissait le pacte social, quelques-uns profitent de leur liberté et se retirent. On peut imaginer une foule d'excellentes raisons pour motiver leur retraite, et pourtant ces raisons, quelque bonnes qu'elles soient, ne les dispenseront pas d'abandonner le dixième des bénéfices qui leur appartiennent, à ceux de leurs anciens associés qui vont recommencer une société nouvelle. Ceux-ci, du moins, ont-ils évidemment besoin de l'avantage dont on les gratifie? S'il s'agit d'une entreprise qui prospère, la résolution de la continuer leur mérite-t-elle, de la part d'autrui, le sacrifice dont ils vont jouir? Pas le moins du monde. Ce qui n'empêchera pas que le sacrifice ne se consomme à leur profit et qu'ils n'en jouissent pendant toute la durée de leur nouvelle société.

Admettons une hypothèse différente. L'entreprise est devenue mauvaise et tous les sociétaires se retirent. Contraints, à leur vif regret, de l'abandonner, inquiets sur leur avenir, devront-ils sacrifier aussi ce dixième d'un bénéfice péniblement acquis, et dont la source est tarie? Rien de plus certain. Le fonds de retenue indivisible se pose en créancier, et, qui pis est, en créancier condamné par devoir à se montrer rigoureux. Il répondrait à toutes les doléances : « Je suis le « fondé de pouvoir du principe d'association, principe bienfaisant, « dont l'application doit être secondée par des encouragements ac- « compagnés d'une douce et salutaire contrainte. Payez la dîme au « principe d'association! » Ou bien encore il dirait : « Je suis le dé-

« légué de la charité. Pouvait-on imaginer rien de mieux que de « rendre obligatoire cette admirable vertu? Payez la dîme à la cha- « rité légale. »

Oui ! ce langage est celui qu'entendront un jour les membres des sociétés ouvrières, si l'on ne trouve un moyen de les en préserver. Nous en apercevons un dès à présent ; pour l'indiquer, nous n'avons besoin que de résumer, en forme de définition, notre opinion sur le fonds de retenue indivisible :

Sorte de confiscation adoucie et déguisée, mais toujours détestable, offrant à M. le ministre du commerce une belle occasion à saisir ; celle de relever les sociétés ouvrières, en vertu du pouvoir que lui confère l'article 34 des statuts-modèles, d'un engagement onéreux, trop docilement souscrit par les membres de ces associations.

Confiscation ! Le mot est bien dur. Pouvons-nous l'employer sans injustice en parlant d'un sacrifice volontairement subi? Nous sommes tenus de maintenir notre expression et de déclarer, parce que l'intérêt de la vérité passe avant tout, que les contractants n'étaient pas libres de rejeter les clauses relatives au fonds de retenue indivisible. La seule option qui leur fût laissée, était celle de souscrire à ces clauses ou de renoncer à participer au crédit des trois millions. Et ce n'est pas sur ce point seul que la pensée du Conseil était imposée ; elle l'était encore à l'égard des dispositions applicables à la modification du personnel social. En ce qui touche ces deux questions, la communication des statuts-modèles n'était plus faite à titre de simple avis ; elle prenait le caractère d'une injonction. Cette pression exercée sur les sociétaires pour leur faire accueillir des idées qui ne se rattachent à aucun principe de justice, à aucune tradition respectable, nous paraît l'acte le plus sujet à critique. Pour nous, à qui les bonnes intentions des membres du Conseil sont parfaitement connues, il est inexplicable qu'ils se soient laissé entraîner dans cette voie fâcheuse, et qu'ils aient fait du prosélytisme coercitif au profit de conceptions dont pas un d'entre eux, peut-être, n'accepterait volontiers la paternité !

Mais voici ce qui, aux yeux des membres du Conseil, hommes d'une nature bienveillante et libérale, a pu déguiser le mauvais côté de leur exigence. Cette exigence avait à peine besoin de se faire sentir. Dès qu'une association arrivait au ministère du commerce, encore dépourvue de statuts, elle acceptait avec empressement, et les yeux fermés, ceux qu'on lui désignait comme devant obtenir l'approbation du Conseil. Avait-elle, au contraire, ses statuts rédigés d'avance, elle courait d'elle-même au-devant des modifications. Rien n'était plus rare que d'en voir une cherchant à défendre une portion quelconque de son œuvre. Parmi les exemples de docilité que nous pourrions citer, il en est un des plus frappants. M. Pierre Leroux eut la pensée de former une association typographique et d'en rédiger les statuts.

Certes, M. Pierre Leroux était bien en droit d'avoir un système à lui et d'en essayer l'exécution. Mais la société qu'il formait demandait à participer au crédit voté par l'Assemblée nationale, et ses statuts sociaux devaient, en conséquence, passer sous les yeux du Conseil d'encouragement. Que fit le Conseil ? Il bouleversa sans scrupule l'œuvre originale du penseur, du chef d'école, rognant ici, ajoutant là, s'attaquant au fond comme à la forme. Et que fit M. Pierre Leroux ? Il se laissa, sans résistance aucune, affubler d'un vêtement qui n'allait pas à sa taille, de cette espèce d'uniforme bizarre dont nous venons de donner la description, et qui fut successivement endossé par toutes les associations qu'encourage l'Etat.

Nous pensons maintenant avoir assez fait connaître les statuts destinés à régir les associations composées d'ouvriers seulement. Il est temps d'exposer de quelle manière ces statuts ont été adaptés aux sociétés entre ouvriers et patrons.

En commençant nous l'avons déjà dit, dans ces dernières sociétés, la position que le Conseil d'encouragement a préférée pour les ouvriers est celle d'intéressés dans les bénéfices, et nous avons fort approuvé cette préférence.

Il résulte de là que le patron apporte seul le capital social ;

Qu'il est seul obligé au remboursement du prêt consenti par le ministre ;

Enfin, qu'il est seul passible des pertes[1].

Le Conseil d'encouragement, lorsqu'il s'est agi de déterminer les avantages et les pouvoirs du patron dans la société, a-t-il pesé toutes ces circonstances sans en omettre aucune ? En répondant affirmativement, nous ajoutons qu'à notre avis elles n'ont pas eu assez de poids dans sa balance.

Quant aux avantages à faire au patron-gérant, avantages qui comprennent le traitement fixe et la part dans les bénéfices, le Conseil a cru ne devoir adopter à ce sujet aucune règle positive. A l'égard de chaque association, il s'est posé le problème du partage équitable des avantages sociaux entre le patron et ses ouvriers. Parmi les données du problème figuraient nécessairement l'importance de l'apport matériel du patron et, de plus, celle de son apport immatériel. Son expérience, son habileté, son crédit devaient être pris en grande considération. On conçoit que le nombre des données et leur variété aient amené, dans telle ou telle association, des solutions très-différentes. Pour rendre notre impression sur les décisions du Conseil en cette matière, nous dirons qu'avec le sincère désir d'être juste, il nous paraît cepen-

[1] Cependant l'attribution de bénéfice faite aux ouvriers se divisant en part disponible et part réservée, il résulte de la définition du fonds de réserve (art. 19) qu'un ouvrier devient, jusqu'à certain point, passible des pertes, lorsque ce fonds existe et sert à les couvrir.

dant avoir un peu trop obéi à la tendance de grossir la part des ouvriers. Cette tendance est naturelle et respectable, elle semble en outre s'appuyer sur une évidente vérité, à savoir, que le prêt des trois millions a été voté avec la destination principale, sinon exclusive, d'améliorer le sort des ouvriers. Mais, en nous plaçant précisément devant cette perspective, nous nous demandons si le Conseil ne s'est pas trop préoccupé d'un effet immédiat en fermant les yeux sur un effet définitif, et s'il n'a pas favorisé trop l'intérêt de quelques ouvriers aux dépens de l'intérêt des ouvriers en général.

Expliquons notre pensée. La participation des ouvriers aux bénéfices du fabricant nous paraît un fait qui tend naturellement à se développer, pourvu toutefois qu'on n'en contrarie pas le développement par de fausses mesures. A nos yeux, le sacrifice fait par un patron, dans certaines limites, pour attribuer à ses ouvriers une part des bénéfices, est un sacrifice qui, par lui-même, a la vertu de produire une compensation matérielle. Des ouvriers rendus plus soigneux, plus attentifs, plus assidus, sous l'influence de l'intérêt personnel, pourront fort bien augmenter la masse des bénéfices, à ce point que la part à eux dévolue ne diminue en rien la part absolue du patron. Celui-ci recevra, sous la forme d'une fraction, une somme équivalente à celle qu'il recueillait de l'intégralité. Il jouira de la satisfaction d'être entouré d'hommes plus bienveillants envers lui, plus heureux, plus contents de leur sort, et ce sera pour lui un profit net. Au pis aller, cette satisfaction, qui doit être prisée très-haut, lui coûtera quelque chose, mais non pas certes une somme égale à celle dont il fera profiter ses ouvriers. Que faut-il pour enhardir les patrons à entrer dans cette voie? Les laisser parfaitement libres de n'y pas entrer du tout; libres de calculer à leur gré les avantages éventuels qu'ils concéderont aux ouvriers; libres de choisir leur moment et d'attendre l'exemple de quelques tentatives couronnées de succès. Or, des tentatives se font à l'aide d'un crédit ouvert à plusieurs fabricants par l'Etat. L'industrie a les yeux tournés sur ces fabricants. Elle va les interroger sur toutes les conditions, sur tous les résultats de l'expérience. Voilà des hommes dont le témoignage sera puissant, soit pour hâter, soit pour retarder le moment où de nombreux ouvriers seront admis, par ceux qui les emploient, à participer aux bénéfices de l'entreprise, à identifier leur intérêt avec celui de l'entrepreneur. Etait-il bien prudent au Conseil d'encouragement, alors qu'il conférait avec ces mêmes hommes sur les avantages qu'ils entendaient se réserver comme patrons et gérants des sociétés, de substituer des chiffres nouveaux à ceux qu'ils avaient adoptés dans leurs combinaisons, et, en définitive, de rogner leur part?... C'est la question que nous nous bornons à poser.

Examinons maintenant comment le Conseil a compris les pouvoirs du patron. Il les a rendus irrévocables, ce qu'il fallait faire nécessairement, puisqu'aucun patron n'eût consenti d'avance à être mis hors de chez lui par une délibération de ses ouvriers. Il a donné à ces mêmes pouvoirs plus d'étendue qu'à ceux des gérants d'une société d'ouvriers, ce qui était encore une conséquence forcée des obligations particulières qui pèsent sur le patron-gérant. Mais, à côté de celui-ci, il a placé un Conseil d'administration nommé par les ouvriers et investi des attributions suivantes [1].

« ART. 20. Le Conseil d'administration, sur la proposition du gérant, statue sur les prêts et emprunts, admissions et exclusions, heures de travail, règlements de discipline intérieure et de travail d'atelier, sur le tarif des amendes.

« Il reçoit et vérifie les comptes et les inventaires présentés par le gérant.

« Néanmoins, le Conseil d'administration ne pourra délibérer sur les matières qu'autant qu'elles auront été mises à l'ordre du jour par le gérant.

« ART. 21. Le taux des salaires et les prix de façon seront réglés conformément aux usages suivis dans la localité.

« Ces prix et salaires ne pourront être augmentés et diminués que par le Conseil d'administration sur la proposition du gérant. »

Ces attributions nous semblent excessives. Elles seront gênantes pour le patron et compromettantes pour les ouvriers, si l'on ne se hâte de modifier en ce point les statuts. Vous voulez, pourrait-on dire au Conseil d'encouragement, affranchir les ouvriers de l'obligation de participer aux pertes sociales ; vous les voulez mettre à l'abri de l'action des tiers, à raison des engagements contractés par la société; et en même temps, vous soumettez à leur décision les prêts et les emprunts, l'élévation et l'abaissement des salaires, questions décisives pour le succès ou l'insuccès de l'entreprise : c'est tomber dans une évidente contradiction. Ou ne donnez aux ouvriers que des attributions compatibles avec la qualité d'intéressés dans les bénéfices, ou bien soumettez-les à la responsabilité de leurs actes, associez-les en nom collectif. Il ne dépend pas de vous de créer un moyen terme, et si vous en inventez un, les tribunaux ne ratifieront pas votre solution.

Nous avons entre les mains l'opinion écrite d'un jurisconsulte sur les statuts de la Société X et Ce, formée entre un manufacturier et ses ouvriers, avec l'encouragement de l'Etat. L'auteur de cette consultation critique sévèrement les dispositions que nous venons de citer et l'action importante qu'elles donnent aux ouvriers sur la direction de l'entreprise. Comme nous, il les trouve injustes en principe et pense qu'elles seront funestes en résultat. Mais, pour les critiquer, voyez à quel point de vue il se place. Il regarde comme chose démontrée par lui précédemment, qu'en dépit de l'intention des rédacteurs et des signataires du contrat, les ouvriers, dans l'association dont il s'occupe, sont

[1] Il n'a pas été rédigé de formule générale de statuts pour les associations entre patron et ouvriers. Les art. 20 et 21, que nous citons ici, sont empruntés aux statuts spéciaux d'une des associations encouragées.

nécessairement et légalement les associés en nom collectif de leur patron. Combien il se fût montré plus sévère dans son appréciation, s'il n'eût, avec nous, considéré les ouvriers que comme de simples intéressés dans les bénéfices!

Il est, pour ces derniers, de la plus haute importance de garder la position d'intéressés que le Conseil a cru leur faire, et nous espérons encore qu'il suffira, pour la leur conserver équitablement et légalement, de retrancher ou diminuer quelques attributions dont on les a investis mal à propos. Tout en confessant notre incompétence sur une question de droit, voici sur quel fondement nous étayons notre espérance.

L'auteur de la consultation se demande, à l'égard de la Société X et Ce, si l'on peut y reconnaître le caractère d'une société en commandite. Il répond négativement. — Le caractère d'une société anonyme? Il fait la même réponse, et de là, conclut que fatalement le lien serré de la société en nom collectif étreint tous les contractants. Les prémisses ne nous paraissent pas autoriser la conséquence. En raisonnant comme lui, serions-nous donc fondés à dire : l'association X et Ce ne présente les caractères ni d'une société en nom collectif ni d'une société anonyme; donc fatalement elle est une société en commandite? Ou bien encore : elle ne présente ni le caractère de la commandite, ni le caractère collectif, donc elle est anonyme? — Le raisonnement que nous hasardons est celui-ci : elle n'offre exactement aucun de ces trois caractères, donc elle n'est pas au nombre des associations définies par le Code de commerce. Mais alors qu'est-elle donc? C'est une association d'un caractère nouveau, formée en vertu d'un décret spécial et soumise, par ce même décret, à une juridiction nouvelle. — Sauf les faibles différences que nous venons d'indiquer, les statuts sociaux entre patron et ouvriers ont été les mêmes que ceux des sociétés composées d'ouvriers seulement. Toutes nos précédentes observations s'y appliquent.

III.

De l'examen des statuts nous sommes conduits à l'examen des conditions du prêt. Ce second sujet n'a que trop de rapports avec le précédent, puisque l'adoption de certaines dispositions des statuts-modèles était, pour les associations aspirant au crédit de l'Etat, une véritable condition *sine quâ non*. Autant celle-ci pouvait sembler étrange et dure aux associations, autant celles relatives à la durée du prêt, au mode de remboursement, enfin au taux de l'intérêt, devaient leur paraître douces et commodes.

La durée du prêt, telle que l'a comprise le Conseil d'encouragement, n'a guère d'autres limites que celles de la durée conventionnelle de l'association. Si ces limites ont été parfois rapprochées, ce n'est qu'à l'égard de sociétaires liés entre eux pour plus de vingt-cinq ans. Le Conseil a établi comme règle que toute société encouragée devait avoir opéré le remboursement des avances de l'Etat, un ou deux ans au moins avant l'expiration du pacte social. C'est là un point fixe vers lequel convergent un certain nombre de mesures de détail, mesures suffisamment élastiques, et procédant toutes d'une inspiration bienveillante.

Ainsi, le remboursement s'effectue partiellement d'année en année. Il ne commence pas à la fin de la première année, qu'on regarde comme grevée de charges exceptionnelles, mais seulement à la fin de la seconde. Pour ne pas diminuer prématurément les ressources sociales, une inégalité calculée est introduite dans les à-compte successifs. Faibles au début de l'entreprise, lorsque le temps a dû en élargir et consolider les bases, ils deviennent élevés. Enfin, et c'est le point capital, la combinaison du remboursement se modifie suivant les chances du commerce. L'obligation de tout payement partiel est suspendue par l'absence de bénéfices. Il n'y a d'immuable que l'époque du dernier payement, celle où la libération complète doit être effectuée ; et encore M. le ministre du commerce est le maître d'accorder un nouveau délai. A moins de convertir le prêt en donation, il était difficile d'imaginer des conditions plus libérales[1].

Le Conseil eût bien voulu poser l'Etat en créancier aussi accommodant pour ce qui concerne le taux de l'intérêt. C'était même déjà chose faite, et ce taux avait été fixé à 3 pour 100, lorsqu'à l'occasion de quelques immunités réclamées en faveur des sociétés ouvrières sur des frais d'enregistrement et d'hypothèque, un projet de décret fut soumis à l'Assemblée nationale. Dans ce projet, M. le ministre du commerce introduisit, comme pour en demander une ratification législative, la solution déjà donnée par le Conseil à la question de l'intérêt.

Mais le Comité du travail n'admit pas, sans la modifier, la proposition ministérielle, et, dans la séance du 15 novembre 1848, une discussion eut lieu, dans laquelle l'opinion du Comité du travail rallia la majorité. Il fut, ce jour-là, décidé par décret que l'intérêt serait payé à l'Etat, au taux de 3 pour 100, sur les prêts n'excédant pas 25,000 francs, et, au taux de 5 pour 100, sur toute avance plus forte.

La discussion dont nous parlons ne nous paraît pas avoir été assez complète. Le principal argument présenté contre le taux de 3 pour 100, applicable même à l'intérêt des prêts élevés, était celui-ci : Il fallait, disait le rapporteur du Comité du travail, placer les associations encouragées dans les conditions normales de l'industrie. N'exi-

---

[1] Cette libéralité n'excluait pas les précautions. Ainsi, pour le prêt de sommes importantes, une garantie hypothécaire était exigée de tout patron propriétaire d'immeubles.

ger d'elles qu'un intérêt bien faible, lorsque les manufacturiers empruntent, non pas seulement à 5, mais à 6, 7 et 8 pour 100, c'était leur faire une position exceptionnelle, dans laquelle les développements, la prospérité qu'elles pourraient atteindre ne prouveraient plus rien. Cet argument n'était pas sans valeur ; cependant si l'on y eût opposé le fonds de retenue indivisible et les frais de surveillance, charges qui pèsent exceptionnellement sur les associations ouvrières, celles-ci, nous n'en doutons pas, s'en fussent trouvées mieux. A la vérité, les frais de surveillance ont été mentionnés ; mais on n'en a pas fait ressortir l'importance. Il ne suffit pas du tout, quand on veut en donner une idée vraie, de dire qu'ils sont de 3/4 pour 100.

Ni pour déterminer l'étendue de ces frais, ni pour les mettre à la charge des sociétés ouvrières, ni pour organiser une surveillance qu'exercent des inspecteurs rétribués, l'administration n'a consulté le Conseil d'encouragement. Il n'a pas eu d'avis à émettre sur la mesure dont il s'agit, et, en conséquence, il se trouve, en ce qui la concerne, affranchi de toute responsabilité. Nous en sommes bien satisfait pour lui, et ne nous sentons que plus enclin à manifester notre opinion sur cette mesure.

Expliquons donc le système de la perception des 3/4 pour 100. C'est difficile, et nous avons dû nous le faire expliquer plus d'une fois pour le comprendre. Dirons-nous que cette perception est proportionnelle à la somme prêtée ?... Il y a certainement du proportionnel dans la chose, en ce sens que les emprunteurs de cent mille francs payeront toujours dix fois autant que les emprunteurs de dix mille ; mais cette notion ne serait que très-provisoirement exacte. Vaut-il mieux dire que la perception est une sorte d'abonnement à forfait ?... Non ; ce point de vue n'est pas tout à fait le véritable... ; notre embarras est grand, et, tout bien considéré, nous reconnaissons que, pour rendre notre explication suffisamment claire, il nous faut mettre en scène deux personnages et les faire parler.

LE GÉRANT *d'une association ouvrière.* UN PERCEPTEUR.

LE GÉRANT. Monsieur le percepteur, je viens acquitter les 3/4 pour 100 que vous me réclamez. Combien vous dois-je?

LE PERCEPTEUR. Quelle somme vous prête l'Etat?

LE GÉRANT. Il me prêtera 100,000 francs. Le contrat de prêt est passé.

LE PERCEPTEUR. Vous me devez donc 3/4 pour 100 sur 100,000. c'est-à-dire 750 francs.

LE GÉRANT. 750 francs ! Est-il possible? Sur les 100,000 francs, je n'ai reçu encore que 10,000 francs en à-compte.

LE PERCEPTEUR. Il n'importe.

LE GÉRANT. Il importe beaucoup, au contraire. Au lieu de 3/4 pour 100 sur la somme que j'ai reçue, vous me demandez 7 1/2 pour 100. Que dis-je! Comme les 10,000 francs ne sont entre mes mains que depuis un mois, il s'ensuit que votre prétention est de me faire payer les frais de surveillance sur le pied de 90 pour 100 l'an!...

Le Percepteur. Lisez votre contrat de prêt. Voyez quel engagement vous avez contracté, et vous reconnaîtrez que je n'en demande que l'exécution pure et simple. Somme promise par l'Etat et somme fournie, à mes yeux, c'est tout un. Entre une somme remise au commencement d'un exercice et une somme remise à la fin, je n'ai pas non plus à faire de différence.

Le Gérant. C'est fâcheux pour moi, car la différence est grande, et je n'avais guère compris l'engagement que j'ai signé.

Le Percepteur. Ne vous arrêtez pas à l'inconvénient qui en résulte cette fois. L'année prochaine, les 3/4 pour 100 ne seront perçus que sur une somme depuis longtemps et intégralement encaissée.

Le Gérant. Cela me console pour l'année prochaine... Mais veuillez bien me dire sur quoi portera le droit de surveillance, lorsque, dans deux ans, j'aurai commencé à rembourser l'Etat.

Le Percepteur. Il portera sur 100,000 francs.

Le Gérant. Encore! et lorsque par des remboursements réguliers, je serai quitte d'une moitié de ma dette?

Le Percepteur. Toujours sur 100,000 fr.

Le Gérant. Ainsi, je payerai sur ce que je devrai et sur ce que je ne devrai plus?

Le Percepteur. Sans doute. Somme remboursée et somme due, c'est tout un, au point de vue du contrat de prêt. Relisez-le.

Le Gérant. Je vois bien qu'il faudra vous apporter 750 fr. par an, jusqu'à ma libération complète; mais au moins, quand j'aurai rendu ses 100,000 francs à l'Etat, vous ne me demanderez plus rien?

Le Percepteur. Alors, comme aujourd'hui, je vous réclamerai 3/4 pour 100 sur 100,000 fr.

Le Gérant. Voilà qui est trop fort! Maudit acte de prêt! J'ai eu grand tort de le signer sans le comprendre.

Le Percepteur. Modérez-vous et écoutez-moi. Je vais vous démontrer que la condition relative aux frais de surveillance est parfaitement raisonnable.

Le Gérant. Je vous écoute de toutes mes oreilles.

Le Percepteur. Dites-moi d'abord si vous admettez que l'Etat, bailleur de fonds des associations, dût faire exercer sur elles une surveillance.

Le Gérant. Je l'admets.

Le Percepteur. Qui veut la fin veut les moyens. Pour exercer une surveillance, il faut nommer des surveillants et les rétribuer. Voilà la taxe des 3/4 pour 100 justifiée. Ce qui vous choque, c'est qu'elle soit fixe et ne décroisse pas avec la dette, n'est-il pas vrai?

Le Gérant. Oui! cela me choque, et j'ajoute que bien des conseillers municipaux, des juges au tribunal de commerce, des prud'hommes, des membres du Conseil d'encouragement, se seraient chargés d'exercer un surveillance gratuite.

Le Percepteur. On est bien revenu sur les avantages de la gratuité en pareille matière. Et d'ailleurs, le besoin d'augmenter le nombre des fonctionnaires publics est généralement senti. Cette augmentation sera le salut de la France.

Le Gérant. Si le salut de la France en dépend, je ne m'y oppose plus.

Le Percepteur. A la bonne heure. Mais il est une difficulté. Créer des fonctions nouvelles, c'est grossir le budget des dépenses, et bien des gens, à vue courte, le trouvent déjà trop lourd. Jugez donc, lorsqu'une bonne occasion se présente d'instituer de nouveaux fonctionnaires, sans qu'il en coûte rien au Trésor, de l'empressement avec lequel le pouvoir doit la saisir.

Le Gérant. Je comprends. Le décret du 5 juillet a offert une de ces bonnes occasions.

Le Percepteur. Vous y êtes. Et maintenant, dites-moi si, les fonctions une fois créées, il ne faut pas les maintenir?

Le Gérant. Qu'on les maintienne! Je ne demande pas mieux... Pourvu que ce ne soit pas à mes dépens.

Le Percepteur. Un peu de patience. Je vais vous réconcilier complétement avec les frais de surveillance. Vous trouvez étrange qu'ils ne diminuent pas en même temps que la dette. Mais la surveillance étant établie, elle doit s'exercer pour 10,000 francs comme pour 100,000. Le même travail est à faire, les mêmes fonctions sont à remplir.

Le Gérant. Je ne dis pas le contraire. Cependant les hommes qui, dans le commerce, remplissent leurs engagements avec exactitude, au bout d'un certain temps obtiennent la confiance. On leur prête sans les surveiller. Pourquoi n'en serait-il pas de même un jour des sociétés ouvrières?

Le Percepteur. Le commerce a des allures de casse-cou. Il ne siérait pas à l'administration publique de les imiter.

Le Gérant. Soit! Respectons les allures administratives. Mais comment me persuaderez-vous, si je ne dois plus rien un jour à l'Etat, s'il n'a plus d'intérêt à me surveiller, qu'il soit encore en droit de m'assujettir à une surveillance et de m'en faire payer les frais?

Le Percepteur. En deux mots j'y réussirai. Auriez-vous oublié le fonds de retenue indivisible, cette part de vos futurs bénéfices, que vous destinez à un si généreux emploi?

Le Gérant. Non certes; à telles enseignes que cet emploi ne me convenait guère ; et si l'on ne m'eût pas donné des raisons bien fortes...

Le Percepteur. Eh bien! entre cet acte de générosité et la continuation de la surveillance, vous apercevez la liaison?

Le Gérant. Je n'aperçois rien.

Le Percepteur. Comment! Le fonds indivisible est dans vos mains; il ne vous appartient plus cependant. C'est le patrimoine des continuateurs de votre association, s'il s'en présente; ce sera peut-être le patrimoine des hospices, et l'Etat ne le ferait pas surveiller!... Vous voulez donc que l'Etat méconnaisse un de ses devoirs les plus essentiels?

Le Gérant. A Dieu ne plaise! Je ne veux pas empêcher l'Etat de faire son devoir. Seulement je vois que si mon association dure, il n'y a pas de raison pour que la surveillance finisse.

Le Percepteur. Vous voyez maintenant très-juste. Les choses sont en effet si bien organisées, qu'en supposant à votre association une durée prolongée à travers les siècles, mes successeurs réclameront aux vôtres 3/4 pour 100 sur 100,000 francs, jusqu'au jour du jugement dernier.

Ce dialogue, construit sur des données parfaitement exactes, en même temps qu'il fait connaître la taxe de 3/4 pour 100, dont sont grevées les sociétés ouvrières, révèle assez clairement nos impressions personnelles à l'endroit de cette taxe. Elle ne nous paraît pas née viable, non plus que le fonds indivisible sur lequel s'appuient ses prétentions à la perpétuité; et nous désirons vivement qu'un acte prochain de la justice ministérielle délivre les associations de ce double fardeau.

Dans les pages qui précèdent, nous n'avons guère fait autre chose que d'exposer les conditions sous lesquelles une association, jugée digne d'encouragement, obtenait l'allocation d'un prêt. Ces conditions sont de nature à influer sur le sort de l'expérience qui s'accomplit, et c'est pour cette raison que nous les avons signalées et commentées. Mais une association, avant d'être assujettie à celles-là, devait avoir satisfait à d'autres conditions préalables. Elle devait, aux termes de l'instruction du 12 juillet 1848, avoir présenté *des garanties sérieuses de durée et de succès*. En quoi consistent les garanties exigées par le programme du Conseil? Nous allons le dire et désigner toutes les associations qui, maintenant, sont réputées les avoir fournies.

Pendant l'année 1848, plus de cinq cents demandes formées par des sociétés ouvrières parvinrent de tous les points de la France au ministère du commerce, et furent transmises au Conseil d'encouragement. En 1849, plus de cent demandes nouvelles s'ajoutèrent aux précédentes.

Il n'est point de prêteur,
Lorsqu'il le veut, qui ne trouve un *debteur*.

La justesse de cette pensée de Clément Marot ne fut jamais plus amplement confirmée qu'en cette occasion. En additionnant toutes les sommes que les sociétés ouvrières désiraient emprunter, sommes déclarées indispensables à la réalisation de leurs entreprises, on trouvait un total, non pas égal aux trois millions votés, mais douze fois plus fort tout au moins. Cela revient à dire qu'au lieu d'un emprunteur appelé, douze se présentaient. De là, résultait la triste nécessité de rejeter à peu près onze demandes sur douze. — Pour rejeter, comme pour admettre, il fallait examiner. Rendons-nous compte de ce que chaque demande exigeait d'appréciations diverses. Avant tout, il fallait s'enquérir des qualités morales des aspirants à l'encouragement. Entre ouvriers honnêtes, laborieux et de bonnes mœurs, la difficulté d'établir et de maintenir l'harmonie sociale est évidemment diminuée. Il fallait savoir de plus si les sociétaires étaient habiles dans leur état, et s'ils étaient doués de la prudence que réclame la conduite d'une entreprise industrielle. Il fallait savoir enfin si l'entreprise même qu'ils avaient en vue était bien choisie et pouvait promettre à leurs efforts d'heureux résultats. A l'égard des associations entre patrons et ouvriers, c'étaient surtout les qualités du patron et sa réputation qu'il s'agissait de considérer, puis ensuite son mérite industriel et la valeur de son établissement.

Lorsque le Conseil était éclairé sur tous ces points différents, il décidait que l'association, sur la demande de laquelle il avait à statuer, offrait ou n'offrait pas les garanties requises. De la solution de cette question dépendait l'admission ou le rejet de la demande. Répétons ici, de crainte de méprise, qu'une décision du Conseil n'était qu'un avis, auquel le ministre du commerce restait le maître de ne pas se conformer.

Ce n'était pas une mince besogne que celle de recueillir tant de renseignements sur les personnes et les choses. Même en interrogeant des hommes parfaitement honorables, il n'est pas toujours facile de se procurer des informations exactes. Le Conseil, obligé de se faire, de celles qu'il recevait, une sorte de boussole, voyait parfois l'aiguille affolée de cette boussole se diriger vers les points les plus opposés de l'horizon. Dans une enquête, où les renseignements sur la moralité d'un gérant étaient puisés aux meilleures sources, il en vint d'abord d'excellents; ensuite, il en vint de très-mauvais, lesquels furent bientôt contredits et presque effacés, puis enfin rétablis et confirmés de la manière la plus décisive.

On entrevoit l'étendue et la difficulté de la tâche dévolue au Conseil. Pour lui, la situation la plus pénible était de se trouver en présence de sociétés intéressantes, qui justifiaient de leurs droits à la confiance publique, et d'être obligé, malgré ses sympathies, d'en repousser le plus grand nombre. Comment choisir entre des concurrents dont les titres sont à peu près égaux? C'est alors que les considérations secondaires devenaient déterminantes. En cas de mérite égal, ce qu'il y avait de mieux à faire, c'était de régler la distribution du fonds d'encouragement de manière à ce qu'il fût réparti, autant que possible, entre des industries diverses et sur toute la surface du pays. Telle, en effet, a été la ligne suivie par le Conseil. Il s'est acquitté de sa mission délicate avec zèle et impartialité, apportant tous ses soins à éviter les erreurs, mais sans pouvoir se flatter de n'en commettre aucune. Encore moins peut-il se croire à l'abri d'injustes attaques, lui qui se trouvait condamné, ainsi que nous venons de le dire, à faire onze mécontents pour un seul aspirant satisfait.

Nous présentons la répartition du crédit voté par l'Assemblée nationale, dans les deux tableaux qui suivent, l'un pour les sociétés parisiennes, l'autre pour celles des départements.

ASSOCIATIONS ENCOURAGÉES A PARIS.

Prève et comp., ouvriers typographes, rue du Bouloi, 19	18,000 fr.
Colin et comp., ouvriers fondeurs de métaux, rue Neuve-St-Etienne, 4	16,000
Mauny jeune et comp., ouvriers potiers de terre, rue Copeau, 49	21,000
P., horloger, rue du Ponceau, 22[1]	3,000
Guyot Adam et comp., ouvriers décorateurs sur porcelaine, rue de Paradis-Poissonnière, 12	6,000
Canonicat et comp., ouvriers peintres en bâtiment, rue La Bruyère, 10.	8,000
Beaugrand et comp., ouvriers fabricants de registres, rue Montmorency.	35,000
Quéru et comp., ouvriers dessinateurs sur impress. d'étoffes, boulevard Poissonnière, 14	10.000
Wursthorn et comp., ouvriers tailleurs de limes, rue Phélippeaux, 27	18,000
Desoye et comp., ouvriers typographes, rue de Seine, 32	65,000
Goreska, Debruges et comp., ouvrières lingères, rue du Faubourg-Poissonnière, 27	15,000
Faugère et comp., ouvriers fabricants d'instruments de chirurgie, place de l'Ecole-de-Médecine, 6	47,000
Petit et comp., ouvriers teinturiers en soie, rue de la Calandre, 20	10,000
Rey et comp., ouvriers ébénistes, rue de Charonne, 7.	75,000
Durand et comp., ouvriers fabricants de drap de tricot, rue du Bac, 15, à Suresnes (Seine)	30,000
Cabanis et comp., ouvriers mécaniciens, rue des Vinaigriers, 32	20,000
Bonfils, Michel, Souvraz et comp., patrons et ouvriers, fabricants de châles, rue Neuve-Saint-Eustache, 32	200,000
Janet et Blumenthal, ouvriers relieurs, rue du Cadran, 20	6,000
Mallard et comp., patrons et ouvriers, fabricants de tissus pour nouveautés, rue de Beauveau-Saint-Antoine, 17	30,000
Dautry et comp., ouvriers mécaniciens, rue de Charonne, 72	35,000
Remket et comp., ouvriers typographes, rue Garancière, 4	80,000
King, Colin, Chamiot-Clerc et comp., ouvriers arsonniers, rue des Petits-Hôtels, 23	20,000
Picard et comp., ouvriers fabricants d'appareils d'éclairage, rue du Renard et rue Saint-Denis, 257	17,500
Houzé, Arban et comp., ouvriers facteurs d'instruments de musique, rue Muller, en face du Château-Rouge	24,000
Lambert, Burel et comp., ouvriers fabricants de fouets, cannes et parapluies, rue Sainte-Avoie, 62	14,000

[1] Somme à recouvrer par le Trésor public, l'association étant dissoute.

Camus et comp., ouvriers teinturiers dégraisseurs, place du Louvre, 12. 6,000
F., patrons et ouvriers, fabricants de bronze factice, rue Baubourg, 48[1]. 10,000
Auguste, Antoine et comp., ouvriers fabricants de chaises et de fauteuils, rue de Charonne, 7 15,000
Leroy, Thibault et comp., ouvriers bijoutiers en doré, rue Saint-Martin.. 24,000
Ligniel, Darche et comp., ouvriers mécaniciens, rue Sainte-Marie-Popincourt, 14 25,000
Huré, Lapart et comp., ouvriers colleurs de papiers peints[2]........ 6,000
Crépin et comp., ouvriers formiers[2]........ 5,000

ASSOCIATIONS ENCOURAGÉES DANS LES DÉPARTEME TS.

Brothier (Léon) et comp., ouvriers et patron, maître de forges, Arcachon, Gironde........ 120,000 fr.
Noyon, Couturier aîné et comp., ouv.-tisseurs de coutil, Gravigny, Eure. 12,000
Sentis père et fils et comp., patr. et ouvr. filat. de laine cardée, Reims.. 250,000
Marre, Sourd et comp., ouvr. verriers, Aniche, Nord........ 50,000
Vaussard et comp., patron et ouvriers, fabric. de fils et tissus de coton, Bondeville, Seine-Inférieure........ 250,000
Giraudon et comp., ouvriers, constructeurs de bâtiments, Bourges..... 12,000
Métreau et comp., ouvriers typographes, Bordeaux........ 18,000
L. et comp., patron et ouvriers, fabric. de noir animal, Sotteville, Seine-Inférieure[1]........ 25,000
Védrine et comp., ouvr., fabric. de verres à vitre, Notre-Dame-du-Port, Haute-Loire........ 45,000
Bavois, Nageotte et comp., ouvriers peintres-plafonneurs, Troyes..... 6,000
Leroux, Nettré et comp., ouvriers typographes, Boussac, Creuse[1]...... 20,000
Félix Martin et comp., ouvr. tisseurs de soies unies, Lyon........ 200,000
Brosse et comp., ouvr. tisseurs de velours, Lyon........ 200,000
Richoud et comp., scieurs et cambreurs de bois, Angoulême........ 16,000
Pierre Dupuy et comp., ouvriers constructeurs de navires, Saint-Esprit, Landes........ 16,000
Mercier fils, patron et ouvriers, mécaniciens, Louviers........ 100,000
Chartier, Defontaine, Dubus et comp., patron et ouvriers, extracteurs de marne, Souvigny, Loir-et-Cher........ 40,000
Leboniec et comp., patron et ouvriers, peigneurs de lin, Lannion, Côtes-du-Nord........ 10,000
Franchimont, patron et ouvriers. et fabric. de coutellerie, Bielles, Haute-Marne[2]........ 50,000
Marsollet, Boulland et comp., patron et ouvriers, fabric. de ganses et chaussons, Louviers........ 10,000
Roger frères, patron et ouvriers, filateurs de laine peignée, Try-Château, Oise[2]........ 120,000
Lescarel, Leroy et comp., ouvriers, tissage de toiles de lin, Lisieux... 25,000
X. et comp., patron et ouvriers, Louviers[1]........ 100,000
Y. et comp., patron et ouvriers, Andelys[2]........ 100,000
Vincent Bouchon, patron et ouvriers, dévidage de soie, Dornas, Ardèche[2]........ 25,000
De Blacas, Carros, patr. et ouv., colonisation des Landes, Bordeaux[2].. 155,000
Lenoir, Piffeteau et comp., patr. et ouvr., filature de coton et de laine, Clisson, Loire-Inférieure[2]........ 60,000

---

[1] Somme à recouvrer par le Trésor public, l'association étant dissoute.

[2] Sommes à l'égard desquelles le vote favorable du Conseil d'encouragement n'a pas encore été ratifié.

Les sommes indiquées dans ce tableau n'ont pas été délivrées toutes intégralement. Ce que les intéressés n'ont pas reçu leur est promis et ne peut tarder à passer dans leurs mains.

Sur 32 associations encouragées à Paris, 29 sont composées exclusivement d'ouvriers. Trois d'entre elles seulement comprennent des patrons.

Au contraire, sur 27 associations formées dans les départements, il n'y en a que 12 où le patron soit absent.

Les 32 associations parisiennes auront pour leur part	914,500 fr.
Les 29 associations départementales recevront pour la leur.	2,035,000 [1]
Total.	2,949,500 fr.

On voit que le Conseil d'encouragement n'a pas tout à fait distribué les 3 millions, et qu'une faible somme reste encore attendant son emploi.

L'achèvement de la distribution ne sera pas la fin de la mission confiée au Conseil. Cette mission consistera plus particulièrement désormais à exercer sur les sociétés encouragées un patronage distinct de la surveillance attribuée à des agents de l'administration. Les membres du Conseil visiteront les sociétés; ils s'efforceront de maintenir l'union parmi les sociétaires, et de les éclairer sur leurs devoirs comme sur leurs véritables intérêts. De leur voix amie, un bon avis sera toujours bien accueilli et, nous aimons à le croire, suivi avec empressement. On peut espérer d'excellents résultats de cette intervention paternelle du Conseil pour aplanir la route à ceux qu'il a aidés à s'y engager.

Faut-il conclure de l'exposé que nous achevons que le succès est rendu facile aux sociétés ouvrières? La probabilité du succès ou de l'insuccès est une question qu'il n'est guère utile d'agiter aujourd'hui. Puisque l'expérience est en cours d'exécution, ce qu'il y a de mieux à faire, c'est d'en attendre patiemment le résultat. Cependant, nous ne répugnons pas à indiquer le point de départ de nos propres conjectures, et nous dirons que les ouvriers encouragés n'étant assurés ni contre les mauvaises chances du commerce, ni contre l'invasion de la discorde, ils rencontreront les mêmes difficultés que les autres associations industrielles. Nous savons bien qu'on proteste contre cette assimilation, et nous avons entendu établir entre les sociétés de commerçants, depuis longtemps connues, et les sociétés d'ouvriers une différence tranchée. Les premières sont basées, à ce qu'on prétend, sur l'intérêt personnel, et les secondes sur le dévouement. Il nous est impossible de croire à cette différence dans les bases sociales, et nous

[1] Le personnel des associations des départements surpasse de beaucoup numériquement celui des associations de Paris.

sommes d'autant plus à notre aise pour refuser aux ouvriers une supériorité morale, dont on veut les gratifier, que nous n'avons jamais accepté d'infériorité pour eux. Ils ne sont ni meilleurs ni pires que les autres enfants de la lignée d'Adam.

Quant au dévouement, qui a son noble rôle à jouer ici-bas, ce n'est pas un acteur qu'on puisse prodiguer ni obliger à rester malgré lui en scène. Beaucoup de gens en parlent très-haut, à qui chaque jour on est en droit de dire : Vous voulez être généreux, et vous ne savez pas être justes !

Nous ajouterons, en finissant, que l'esprit d'association ne nous paraît pas infusé tout entier dans les deux formules sociales du Code de commerce. Tout en souhaitant vivement que cet esprit se développe dans notre pays, nous n'en regardons pas le progrès comme attaché à des encouragements inscrits au budget des dépenses. Il s'opérerait de lui-même, ce progrès, si l'on se décidait à supprimer enfin les obstacles artificiels qui s'y opposent, obstacles parmi lesquels nous plaçons au premier rang les dispositions restrictives de nos lois [1].

Mais quelque opinion qu'on adopte sur le principe d'association, sur le mode légitime d'une intervention de l'Etat pour en hâter le développement, sur l'expérience actuellement tentée et sur la manière dont elle est préparée et conduite, il est une conclusion à laquelle doivent se rallier tous les esprits, un vœu qui doit avoir de l'écho dans tous les cœurs. Puissent les 3 millions avancés par le Trésor améliorer à toujours le sort des hommes si dignes d'intérêt dans les mains desquels ils se trouvent placés !

---

[1] En 1843, M. Ch. Coquelin a publié dans la *Revue des Deux-Mondes* (livraison du 1er août) un travail important sur les sociétés commerciales en France et en Angleterre. La nécessité de modifier les articles 19 et suivants de notre Code de commerce y est parfaitement démontrée, et les principes d'une réforme rationnelle y sont solidement établis.

EXTRAIT DES Nos 104 ET 105 DU JOURNAL DES ÉCONOMISTES,
15 NOVEMBRE ET 15 DÉCEMBRE 1849.

Imprimerie de HENNUYER et Ce, rue Lemercier, 24. Batignolles.

www.ingramcontent.com/pod-product-compliance
Ingram Content Group UK Ltd.
Pitfield, Milton Keynes, MK11 3LW, UK
UKHW032020260826
14628UKWH00006B/2610

9 782011 339539